السيمفونيةُ الأُولى

لا تَلُمِ القَلمَ حين يكتُب

نادية أبو شامة

د. مُحمَّد فيَّاض

مدير تحرير الشرق الأوسط: أحمد ممعروف شلبى

تصميم الغلاف: كريم متولي ومحمود أسعد

فيديوهات: سحر الشربيني

ينسج هذا الكتاب تعاونًا في كتابة الأفكار ورسائل الحب، وهي أكثر القصص القصيرة سحراً التي تشكلت في خيال المؤلفين

:

AEEH PRESS INC

النجوم الساطعة في سماء الأدب والكتابة

تلميذتي **الأدبية الراقية نادية أبو شامة** من أصل جزائري، كاتبة متميزة وشخصية بليغة من الدرجة الأولى وكاتبة متمكنة. في حياة غير تلك التي تعيشها، تسحرك بكلماتها، وترقص رسائلها معك، وتثير كل الأحزان المسجونين في أعماقك، لترى الكون بعيون النقاء والصفاء والفرح الطفولي.

نشأت في جبال بابور ـ المدينة المعلقة عند سفح جبل كبير مع تراث جغرافي وتاريخي وموطن للثوار خلال الاحتلال الفرنسي، حيث حدثت ثورات ومعارك كبيرة. كانت هذه المنطقة ذات الجمال الساحر منعزلة مثل الحسناء الجميل من أعين الجميع، وظلت عزلتها وبُعدها عن المدينة والعاصمة مثل لؤلؤة أو ماسة باهظة الثمن مخفية عن أعين العالم.

كتبت مع **دكتور فياض** خواطر على شكل رسائل وأكثر من أربعين كتاباً "**سنفونيات كونية**." ومن اعمالها الراقية: "**رواية الطفار**"، "الجسد العاري"، "الأسطورة"، "**الرقص على الماء**"، "راقصة الكبش"، "**ريم البوادي**"، "سجينة الماضي"، و "**اغتصاب امرأة**."

0000000

الدكتور محمد فياض أمريكي من أصل مصري، قضى أكثر من أربعين عامًا زاهدًا في حرم المعرفة، استخلص منها البحث العلمي أفضل أيام حياته. ثم خرجت من يديه أجيال تؤمن بقيمة العلم والتعلم، مما ساهم بشكل غير مباشر في نهضة وتطور أمريكا ودول العالم الأخرى من خلال رحلات مكوكية متعددة لنشر المعرفة في أجزاء من الأرض.

ساهم **الدكتور محمد فياض** بشكل إيجابي وعالمي في رفع مكانة الحضارة الإنسانية في العالم وشارك في كتابة "السمفونيات الكونية". من بين أعماله العلمية والأدبية

والإصلاحية، نشر عشرة كتب علمية ودائمة وأكثر من 500 مقال علمي في أشهر المجلات والمؤتمرات العلمية. والباقي في نشر ابتكاراته في هندسة المفاهيم الموحدة، والهندسة اللغوية الموحدة والمستقرة، وهندسة المجال الموحد، وفن التجريد حتى يشاء الله.

اهداء:

إلى تلك الزئبقة الرائعة التي انحرفت عن طريق روحي ورحلت بعيدا، تركت رقبتي كخيط هش بين الاشواق والبعد، كيفما تحركت أنفصل عن بعضي وتتلاشى روحي مني وأتيه في مملكة الجنون الأبدية التي يسكنها كل عاشق مثلي.

نادية أبو شامة

ما العُمرُ إلا لحظةٌ
إن عِشْتَها في الحبِّ
أضحَى غيرُها وهمًا
وعُمرًا مُهدَرَا
عبد العزيز جويدة

د. محمد فياض

1

كم أنتَ واسعُ الصدرِ يا حبيبي

لكم أنتَ واسع الصدر وأنتَ تختصر مسافة الحب في دقات قلبك المتواصلة، وتجعله حربًا جديدة عَلى محبي التطرف والتعصب، تجعله دعوة سِلم وحب بين شعوب العالم كلها، بين أفراد الدول، تجعله راية سِلم وتقول للعالم من خلاله الحُب وحدهُ ينتصر على **العُنف**، والدَم والُصاص والمَوت.. **الحُب** وحده ينشر السِلم بين الأرواح...الحُب وحدهُ ينتج أرواحًا طاهرة، ويرسم الابتسامة في الأعماق قبل الشفاه، الحُب وحده يُهجِ الدُنيا ويَجعلُها مِساحات ورود بكل أصنَافها وألواِها، ما أعظمكَ أيها العظيم! لأنكَ قَدرت أن تُغير الكثير من مفاهيم البشرية ومازلت تسمى لأن تحقق لهم أكبر طرق للراحة والعلسأنينة والتقدم والرقي الإنساني المبني على العلم والنظريات الرياضية المعقدة، قدرت أن تجعل مني أميرة تنثر أشعارها في كُل الدُنيا وبكل لغات العالم، جَعلتني شاعرة بكل مقاييس الإبداع, وكنتُ مترجمًا لأشعاري لكُل العالم وبِ لغاتهم، سوف يسعدون كثيرًا بكلماتي وسوف يحسدونكَ على قلبي الذي تسكنُ فيه و كقصر من قصور غرناطة الإسلامية، سوف يغارون منك لأنك صعدت عبر أجنحة حي لأعلى السماوات، اشرح لهم كُل أحاسيسي...كُل شعري ...كُل كلامي.. كل خواطري...حتى يعرفوا أن لشمال أفريقيا قلوبًا تنبضُ بالحب وتطلق حمامَات السلام البيضاء، وتحمل أغصان الزيتون وشجر السنديانة الأخضر.. هناك قلوب في شمال أفريقيا لا تعترف أبدًا بلغة الدّم والرصاص والموت ولغة التعصب والتمييز العرقي ولا التمييز اللوني أيضًا

2

هل أنت أيضًا مثلي؟

حبيبي ماذا نسمّي كُل هذه الآهات التي تَزورنا مِن حين لآخر؟ هل أنتَ أيضًا مثلي تشتاق ل حدَّ أن تتقطع بداخلك سكاكين الشوق وتمزقكَ؟ ربما أنكَ قبل الآن ما عشت حبًّا يقلعك من المكان والزمَان، ما عِشتُ مع كل عصارة حب وأشواق عذاب يذبحكَ من الوريد حتى الوريد، ما عشتُ مع كل نبضٍ قوى، ألمٍ به لذةٌ ووجع.

3

إلى متى؟

إلى متى تبقى الكَلمات والخطَابات تجمعنا؟ إلى متى تبقى رسائلي تغريك؟ وترحل بك بعيدًا عن هُنا، إلى متى تبقى قُلوبنا مُعلقة في سابع سماء تنتظر عتقها وتَحريرها من عبودية البعد؟ وننتظرُ نحن اللّقاء، إلى مَتى تبقى غرفة نومكَ حزينة والسرير فيها خاليًا؟ وتبقى كل باقات الورود التي عزمتُ أن تَهديني إياها مكدسة في مزهريات تتغذى بـ الماء، إلى متى تبقى غرفتك حزينة بألوان باهتة؟ وأبقى أنا بعيدة عنكَ.. بعيدة عن أنفاس...ولا أشم رائحة جسدكَ الزكية.

4

حبيبي

حبيبي هل تأخذني إلى أماكن كُنت تَعشقها لكنكَ كُنت وحيدًا فيها؟ هل ستَصنعُ مني امرأة غير عادية امرأة استثنائية وتَشتري لي حُليًّا كثيرًا وملابس مُتنوعة، وتجعلني أميرة تنافس أميرات كل القصور، وتلبسني فساتين أفراح مُفصلة على جسدي، مُرصعة بأحجار براقة، وقماش شفاف؟ سَوفَ تجري معي كالأطفال على حافة الحُقول، وبشواطئ البحر الجميلة؟ سَنجري وُتعانقني وتَرفعني لأعلى وتدور بي، أحبك حبًا يفوق عدد حُبيبات رمل البِحار، أحبك حبًا معقدًا تعقيد المعادلات الكيميائية...

5

هل ستَمل ذات يوم حروفي؟

هل ستَملّ ذات يوم من **حروفي** وتَشتاق..... وتَتخذ معي أُسلوب الصمت؟

أم أنك بقدر مَا أتعطشُ إلِيك يزداد ظمؤك لي ولكل كتاباتي، ها أنا عدت أكتبُ مثل السابق أو **أكثر،** لكن الحين لديَّ قراء وجمهور، وَفيّ من عَرفَ كيف يسبح في حروفي فاستطاع أن يحتويني، لا تَقل لي أبدًا: توقفي عن الكِتابة, ولا تقل لي أيضًا: توقفي عن حُبي لكَ، لأنهما المعادلة الوحيدة في تركيبة حياتي وتركيبة وجداني، سأعترفُ لكَ بكُل سجدات قلب في معبد حُبك وسوف أتلهف على كل القطع الموجودة فيكَ، سوف أكون متوهجة كـ الأرض للمطر ..

6

أحببتُها كثيرًا

أول لَحْظة اشتياق لك، أنسى كُل ما حَدثَ ل بالأمس مِن جراء صَمتك.. من جراء عقلك المتجبر، أَهارُ أولَ ما أجتمعُ بروحك وأقرأ أي حرف من حروفك، أي سَماء التي ألقت بحي عِندك، أي سَماء هذه التي ميزتك عن كُل البشرية، وأي دعاء كانت تكرره والدَتك كي تَحظى بهذه المحبة الرهيبة التي تقلع كُل ما في الدُنيا؟ أيُّ دعاء تفردت به والدتك وجعلتهُ لكَ خصيصًا لتجعل السبَ **سماوات ترزقُك** هذه المشاعر الوهاجة التي لا ترى في الدُنيا غير وجهك، ولا تعرف منفذًا غير المنفذ المؤدي لِعُمق مشاعرك؟

أي دعاء جعلته أذرعًا واقية, وحماية دائمة لكَ من جفاف الحياة عندك وانتهاء الهناء في موكب حياتك؟ أي امرأة عظيمة هذه الأم التي أنجبتك وصنعت منك هذا الآدمي الرائع في تواضعه، الرحيم في حنانهِ، المتدفق في مشاعره وعطائه؟ أي أمٍّ هذه التي تُرجعنيإليك كلما شعرت بالاستياء منك، وقررتُ أن أبقى بعيدة عنكْ فهي تأخذ بيدي وبقلبي إليك، أي أم هذه التي أحبتني كثيرًا دون أن تراني أو تعرفني قط، لكن روحها دائمًا محلقة مع حبنا في أي مَكان كُنا فيه، كم هي روحها طيبة تُرقبنا في كل مكان، أي أم هذه حتى في رحيلها تريد لنا السعادة وتريد لك أن تكون أسعَ رجلٍ في العالم، لم تطلب أبدًا مِنا أن ندعو لَهَا ونقرأ لها القرآن ولا نَتصدق لَها، بل كانت تَحرص عليكَ **ألا تحزن..** ألا تترك الجرح يسكنُ قلبِك.. كانت تريدني بجانبك وقُربك بأي طريقة؟ كانت تُريدُني أن أقدم لك كُل خدَماتها التي انقطعتُ عنك منها، تُريدني أن أكمل دورها مَعكْ، دون أن أنزعج أو أشعر بالضجر، كانت تُريدني أن أبتسم لكَ على الدوام كما كانت تفعل هي .

7

ربوعُ حبِّكَ الساحر

...أعلمُ أنّ سأنهارُ في كل مسافة بُعد

سوف أفعلُ المستحيل كَي أُشيد مسكني فيك، وأبني جدران المكان في قِطعٍ من قطعكَ النبيلة..

سوفَ أموت حرقةً لأجل حياة تمنيتُ أن أعيشها في رَبوعِ حُبك الساحر يا حبيبي..

8

إنْ شـاء الله

تألمتُ كثيرًا وتعذبتُ أكثر وذقتُ مرارة قاتلة ووحدة، لكنْ مع كل ليل حالكِ الظلام صباحُ يومٍ مشرق جديد...وإن شاء الله تكون شروقي وسعادتي وحبي

وكُل ما هو جميل في الدُنيا...

يا مَن زرعتُ قلبي ورودًا وطهارة وجعلتهُ يولد على يديكَ الشريفتين ...

وجعلتَني أحب الحياة أكثر من قبل

9
لغةٌ جديدةٌ

سأختارُ لغةً جديدة هي التسكعُ في شوارع **مُدني**.. في شوارعِ العاصمة.. سوف أُسافر لكُل مكان حتَّى لا أظل أنفرد بكَ.. سوف أعلن جنوني.. **وهيامي**.. سوف أُعانقُ كل الأماكن وحدي.. سأجلسُ على شاطئ البحر وحدي.. سوفَ أتناولُ غذائي على طاولة لا تضُم سوى كرسيٍّ واحدٍ.. سوفَ أختار الطُرق البعيدة كي أُفني وقتَ انتظاري ...سوفَ **أختار الطرق** الطويلة كَي **امشيها**.. كي أبتعد عن أماكن التواصل **هذه**.. عن المدن الافتراضية التي تواجدنا عَليها وأدمنتها أنا.. سوف أقطع كل الأسلاك التي أعبر فيها بحثًا عنك..

لن أكُون بعد الآن رسالة في بريدكَ الوارد.. لن أكُون بعد الآن في هذا العَالم الذي كنتُ واحدًا ممن اخترعوه وأبدعوا فيه.. سوف أدمر هذه المملكة الجميلة بصورها وبرامجها.. ومكتبتها...وكل ما فيها سوف أُصبح امرأة بدائية جدًا وأعود لأحضان الطبيعة.. سوف أعود لمُدني الوَرقية.. أصنع طائرة أحلامَنا الوَرقية التي أطلقها في السَماء تتعالى، وأصنعُ زوارق ورقية أعبث فيها على سطح الغدير وفي السَاقية الجارية..

ما عدتُ أتحمل هذا العالم المجنون الذي طالما اتبعتُ فيه أنفاسك وحفظت وقتَ نومِك واستيقاظك.. سوف أهجر هذه المدن والقصور الافتراضية.. ما عدتُ أحتمل ألمُ قلبي.. ما عدتُ أطيق بُعدك عني.. سوف أتعلمُ الصبر في مدني الورقية.. سأرمي أجهزة التواصل، وجميع الجوالات..

سوف أوقفْ اشتراكي في عالم الاتصال الذي اخترعتُموه.. سوف أعود لزمن عبد الحليم حافظ ولزمن جبران خليل جبران.. سوف أعود لعَالم نيوتن وأديسون

سوف أعُود لحضن كُل الفنانين التشكيليين بباريس

أُريدُ أن أنزلقَ من هذا الزمن إلى زَمن ألان تورنج وماري كوري ونيلز بور.

أريد أن أجلس على طاولة نجيب محفوظ الذي منها كانت ثورته الإبداعية ..

ما عدتُ أقدر على بُعدك.

لأن حبك نخَر كل أعضائي وما تركَ فيَّ جزءًا بدون أن يصله

10

لوْ فقطْ ٚ

آه لو...

آه لو..

لو فقط كانت المسافاتُ في كفي، والرِيَاحُ بين ذراعيّ

وكنتَ سيد الضوء والليل والنهار، لنواطأتَ مع الوقت، وركصت نحو قلبك وجنونَك وراشك، وأيقظتك من غفوة التعب، ودعوتكَ معي فقط لرؤية شُروق هذا الفجر، شَمسهُ تُشبهنا ودفئُهُ مِنّا

11

صِفْ لي تفاصيلَ الوجع

هل الوجعُ حين أحببتُك أم حين مشيتُ بأناملي فوق رموش أشواقك الزاحفة عند مِحرابي كزوبعة صحراء تهز كثبان الرمال وتخفي فيها كل التضاريس؟ تغير خريطة الجغرافيا والمكان، وتلفني كقفار أرض بعيدة، ففي كل يومٍ اقترابُ **منك يعطيني** الأمان، وكل بُعد عنك يعبُّني لشوارعِ الضياع، أجد الأشواق تنجرفُ نَحوي كَفريق جيش احترافي يلف عميلًا خرج عن نظام دولة واخترق قوانينها

أيّ قهرٍ كنتِ تردّدينه مثل الأشعار على أسماعي، أو تُمطرينه على قلبي، حتى شعرت أني أنتهي للأبد، أو أني سجين مطيع ومُستسلم لقوانين هواك، ما عدت أعرف نفسي في مملكتكِ التي شيدتِها على حَواف قلبي وداخل ترابَ روحي ودون إذن مني، وجدتك موطني ومستوطن عندي، لا أعرفُ أيًّا منا أقدمَ على تخطى الحدود الخاصة أنتِ أم أنا؟ من تجاوز التضاريس الإنسانية وراح ينساب وراء أشواقه وهو ملفوف بخيوطه، كُنت فيك كشرنقة تُحاول الهروب من نسيجها الحريري، تهرب من خيوط نسجتها بأعجوبة وعبقرية لا مثيل لها، كنتُ في كل وجع أحاول أن أرسم لوحة...قصيدة شعر...نثر، صرخة...لكني لم أقدر

كنتُ أهرب منك إلى عَينيكِ كَي أجدف زورقي في بَحرِها برموشك، كي أنامَ فيهما كدمعة تحجرت من طول الانتظار والأشواقِ، لأن لكُل هذه الأشياء وجعًا، قربك وجع، بُعدك وجع، أشواقي إليك وجَع، كل ما فيَّ وفيكِ وجَع، والقلم يأبى أن يكتبَ عن الوجع، أو يرحلك معه بين حروفه.

أبى أن يَسكنك صفحات كُتبٍ، رغم أنه تعود أن يغتال البشر والأحبة بغتة بطلقة حبر، ويجهز لهم أحلى وداع، يرسم فيهم شعار الانتصار والانهزام معًا، كان بعدها يضحَك حد الجُنون، ويَبكي حَد الألم والاستنزَاف، كان حِينها يتأوه حَد الألم، ويرقص حَد الفرح، كانت كل **قانصات** حبره عِيدًا يدونه بعناية

شديدة، ويطوقه بِعنقود كلمات يُشكلها مثل طوق اليَاسمين، لكن حينما وقف وجهًا وجهك لوجه معك تعثر وتلعثم وسقط على الورق، شعرتُ بعده بوجعي يكبر فيَّ، يحولني حيث أصبحتُ لا أعرف نفسي فِيها

لم أُدركُ بَعدها مَن أنا؟ وأين أنا؟ ومتى أكون أنا؟ عدتُ في مملكتِك مجهول الهَوية والعنوان، ضائعًا ومتشردًا في مُدنِك الزخرفية التي شيدتِها بعنادك وكبريائك، مُدنك التي كَانت حِين كنتِ تملئين الدنُيا فرح الأطفال وضحك المراهقين وصَخبهم، كنتِ حينها تنامِين في راحة كَفيَّ كفراشة بَهية الألوان، تَحتفين بِجمال الرَبيع، كَم أطمح أن أكلمكِ عن الصَباح وتنفس الفَجر فيه، عن خيوط الضَوء الأولى، وعَن الحَدائق المزهرة، عن ألوان قوس قُزح، عن المعزوفات الموسيقية، لكن كل ما فيَّ ينجرف في صَمت ويتَدحرج عِند سفوح أعماقِك, وتُسمِعيني مَواويل العشق الحزينة، تُسمِعيني صوتَ الناي.

في خريطة قلبِك العجيبة نسيتُ كُل ما كنت أهواه قبل أن أعرفِك ، نسيتُ عَزفي وانطلاقي وحُريتي، نسيت كُل الكتب المكدسة التي جمعتها خصيصًا كي أقرأها في محطات عشقي وهيامي بك، وأشعارًا أحضرتَها خصيصًا كي أُرتلها على مسامعِك، كان يبدو لي آنذاَك أني سوف أصنعُ الكثير والكثير وسوفَ أكُون وأكُون، لُكني لم أقدر أن أكون سِوى عاشق هَائم، لم أعرفْ أن أكون سوى الشَخص الوَحيد الذي يجول مملكة أعماقِك، ويَجلس على عرشِ الوَجع والعَذاب فِي، حضرة وجودِك وفِي، حضرة غِيابِك، فلم أصنع من نفسي شيئًا، ولم أكن رسامًا بارعًا ولا شاعرًا مشهورًا ولا عالِما عبقريًا، كل أحلامي وطموحاتي اختصرَتها قوانين أنوثتِك وجعلت مني عاشقًا مُتلهفًا على اللقاء والرَحيل معًا، امتلأت تَناقُضات واهتز كُل مَا في، أُريدِك وَلا أُريدِك في آن وَاحد، أصبحتُ أرى الوَجع مِثل الحُب تمامًا يَبَاغتك فجأة ويقتلكَ رغمًا عنك، وكل أساليبُ قِتالك لن تقدر أن تفلتَ من مخالب عشق امرأة في مثل قوتكَ وتمردكَ وجحودِك، ما كنت أقدر أن أكون سوى ضحية غير معترف به في محكمة وجدانك، لأني لم أقدر أن أفكَ قيودي من عينيكِ وبحرِها الجارف، أنتِ مثل الطُوفان تجتاحين اليَابس والأخضر معًا، كنت أُحب انتهائي فيكِ رويدًا رويدًا، لأني حينها كُنتُ أشعر أني أكبر مَع لَهفتي عليكِ، أني أخلد, مع زَفرات عِشقِك الملتهب، كُنت أظن أنكِ تُسجلينِي في تَاريخ البشرية وتعترفين لهم.. **أنن تفوقتِ في عِشقي عَلى قيس**، أني في مِيدان رَوحك كنتُ البَطل الوَحيد الذي سَحبته الأقدار كي يكُون الحَارس الذي يَعد دقات قلبِك ورقص الأفراح في سمائِك، مَا أغربني أن أرهن كُل عُمري لأجل جَبروت أنثى لاَ تعرف الرَحمة أو الرُجوع إلى الوَراء! تُتقن لغة السُحب لتَنام في جِفونها، تتفنن فِي طَبخات عِشقها الملون والمزخرف بخدوش أشواقك الحارة، لا تطلبي مني أن أدون حبًّا

أو جرحًا أو وجعًا لأني ما عدتُ أعرفُ أن أقرأ ولا أكتب، في حَضرة وجودك أصبح صَمتي فقط لُغتي، والصَبر هوايتي..

12

إرهابي النومُ والإبداعُ

لَمْ أقدر أن أنام لَيس لأني بَعيدة عَنك، ولكن قِلة النَوم هذهِ مُنذ طُفولَتي، كُنتُ أنامُ أَقل من الساعات، وكُنتُ أكرهُ أن أستيقظَ والكُل نِيام وأبقى ذاهبة وأتية مِن مكان لآخر، وهَكذا كبرت مَعي هذه العَادة السَيئة، فكانوا يَسمونني إرهابي النَوم، وفي كَثير من الأحيان يضطرون لنزع المصابيح عِند النَوم حَتى لا أشعلها عِند استيقاظي، وأنا أَذكُر أَقسى عُقوبة عِشتها بسبب قِلة نَومي، هي النَوم مَع طَليقي في سَريرٍ واحد، كُنت أستفيق بَعد النوم بساعة أو أقل مِن سَاعة، وأقومُ لأذهب لمكانٍ آخر، كَان يَمنعني من ذَلك ويجبرُني عَلى النَوم، وعَدم المَرَكة فيُخيل لِيْ بَعدها أَن عِظامي كُلها ذَابت مِن البَقاء بِدون حَرَكة وأن الدودَ يخرج مِنها لا مَحالة، وبَعدها أصبحتُ أتحايل عليه بِشتى الحِيل، حتى حَصلت على رُخصة النَوم وَحدي في غُرفة أُخرى، كَانت أقسى العُقوبات التي تَلقيتُها في حَياتي بَعد كُل العُقوبات التي كَان يَفرضها عليَّ. وأصبحتُ أكره النَوم أكثر، وحينَ سَمعتُ المرحوم الدكتور إبراهيم الفقي يقولُ لنا: لا تنامو كثيرًا واستيقظوا باكرًا لأنهُ سَوف يأتي يَومٌ وتنَامون دونَ استيقاظ، فَرحتُ وقلتُ الحمد لله يُوجد واحد من البشرية يُحب القَليل مِن النوم، وأحببته بَعدها وأحببتُ كُل كُتبِه ومُحاضَراته لأن دائمًا مَن مَعي يبقى مُنزعجًا مِن استيقاظي، واليَوم هَذه الحَالة تؤثر على عملي وعلى صحتي وعلى تنظيم حياتي كلها.

لَمْ أنَم،

لَيس لأني أعشقك حدَّ الثَمالة، ولكن لأنَ هذه العَادة السيئة تَسكنني، والحَالة **القلقة**.. الحَزينة التي عِشتها والتي كَانت ظاهرة **علي**، هي لَيست أشياء مِن الماضي عَالقة بي، هذه الحَالة كُنتُ فيما مَضى أخافُ مِنها، أخاف مِن وجودِها دَاخلي، لكن بعد عشرين عامًا مِن الزَمن عَرفتُ أَنها لَحظات الإبداع الغريبة بدَاخلي، هي لَحظات الولادة العَسيرة لإبداع مَا في ميدانٍ مَا، عِند ولادة الكَلمات يَأتيني هذا المخاض الغَريب، ويَبقى يُعذبني إلى أن تَخرج مِني الكَلمات مُتسلسلة أو مُبعثرة، مُهمة أو غَير مُهمة، المهم تَخرج مثل خروج الجنين

من رَحم أُمّه، في حَالة المخاض، مُستحيل أن تَنزل الكَلمات عِندي، لَكن بَعدها تولد وَتولد مَعها انطلاقة جَديدة وَقوية، مَا أصعبُ أن تَكون مبدعًا مَوهوبًا! فإنَ ذلكَ يُعذبك وَيؤرقك عَلى الدَوام، خَاصة إذا بَقيت على هَامش الحَياة، ولم تَدخل مِيدان الإبداع، أو لم تختر طَريقًا لك، حِين تكون بعيدًا عَن سَاحة الإبداع فإنك تَموت مَع كُل مَخاض يَجيئك قطرة.. قطرة، خَاصة في الأوطان العَربية الممزقة التي يَموت فِيها المبدع، وتَقتلهُ الآهاتُ، إنه يتَمزق وحدهُ خَارج دَائرة الاهتَمام، سَوف يَعيش المخاض عَلى الدَوام، المبدع هَذا إنسان يُخالف البَشر العَاديين في كثيرًا مِن الأشياء، فبَعد حسَاسيته المفرطة، فإنَ أوجاعه دَائمة.. يَعيشها وحدةً تُمزق أجفَانه، تُمزق أعماقه، تَقتل فِيه الوجود عَنده، ولا أحد يَقدر على فهمه أو مُساندته.

كُل مبدع يعيش طقوسًا غَريبة، تَجعل حَالته بَين الجُنون المطلق والعَقل المُنير، تَفصل بينهما لحَظة واحِدة، هَذه اللحَظة مِثل شعرة طِفل صَغير، ولا يَقدر أن يَهرب مِن هذه الحَالة إلى أن يَتقيأ مَا تولد عَن عقله المنير.

لا أعرفُ إن كنتَ تَعيش مثل هذه الحَالات في قِمة ابداعِك وقمة اختراعِك أم هِي حَالة خاصة بالشُعراء والأُدباء والفنَانين، لا تَقدر أن تُكتب حرفًا واحدًا حتى يَنتهي المخاض وَتبدأ الولادَات، لا يَهم أن تكُون الولادات عَادية أم قَيصرية، المهم خروج الكلمات زخات.. زخات مثل الأمطار، تحملني في حالاتي هذه، لأن كل أب يتحمل مَخاض أمٍ طفله ويعيش لحظات الخوف والرعب أكثر من الأم نَفسها إلى أن يخرج الجنين من بين أرجلها قطعة سَاخنة طَرية بها حَياة أخرى، فتعود الفَرحة للأم وتعود الروح للأب، إن لم يمنحني القدر شعور مَخاض طفل، وخوفَ أب، فأنا أكثر من نصف عمري أعيشُ المخاض وحدي، ولا يشاركني أحدٌ فيه، وأجد نفسي بعدها أبحث عن أب يتبنى كلماتي وإبداعاتي.. أبحث عن اسم وراعٍ رسميٍّ لها، لكنها تظل يتيمة بدون أب، وأظل أبحث في كل الوجوه عن وجه يطابق وجه كلماتي، أو عن زمرة دم تكون شريانًا ممتدًا ليغذي إبداعاتي، يكون مثل حبل السرة الذي يربط الجنين بأمه.

قبل الآن كنتُ أستيقظ قَبل الفجر بساعات، والحِين لا أقدر أن أنام إلا عِند الفجر، لم يُجدِ مَعي المنوم، ولا الإرادة التي أَملكها، تَرى هل يكون حُضنك المنوم الوَحيد كي أنام وأرتاح؟ هل كثرة حَنانك واهتمامك الكبير بي هو مَا يجعلني أنامُ بين ذراعيك أو متوسد حجرك كطفلة صغيرة ظلت تبحث عن بؤرة حناها المفقود؟ حتمًا سوف تحتويني حبيبي وتحتوي كل شيء فيَّ، تغيرني وتغير الكثير من الأشياء عندي، هل سيعرف معكَ النوم جفوني الذابلة التي دارت عليها سمرة داكنة؟ هل ستحول بينيْ وبين الذي يؤرقني؟

وتجعلني كل ليلة أخلد للنوم دون عناء، هل بمقدورك أن تحتويني وتحتوي كل شيء فيَّ ؟ أكيد سوف تحكي لي حكايات كثيرة ومدهشة، وتلعب بشعري الغجري الأسود

تقتلني الآهات وأنا بعيدة عَنك، وتقتلني الآهات وأنا في قُربك، أشعر وأنتَ بعيد عني كالطائر التائه عن أوكاره، ينتابني الضياع القاتل والأشواق الخَارقة، وتَلقاني بَعدها أهيم في الشَوارع وَحيدة أجر خطوات عمري جرًّا، أُرافق قلبي الحزين واواسي نَزيفه المستمر، أجمع خطايا رزمة زمن كي أتوسدها شعوري بالعَياء الشديد، بعد أن ألقي صدرك بعيدًا عني.

13
أنتَ أيُّها الشَاعر

أنتَ أيها الشَاعر، الذي تحطمت قصورك البلورية التي نسجتها بنفسك لنفسك، وسرعان ما جئت تسكنها فانهارت عليكَ، وسَقطت على رفوف مكتبتك، وحطمت جميع أقلامِك، وفرقت دفاترك وأوراقك، وأبعدتكَ عن الطفل الجميل الذى بداخلك، جعلتك تشتاق للارتماء في أحضان والدَتِك، كي ترتوي من منبع حَنانها، كي تَبكي بحرقة، وحدها من تفهمك، وتستر دمعك، وتخفي ضعفك، هي تعلم أنكَ تحب أن تكون شاعرًا، تحب أن تكُون أديباً، أن تكون سعيدًا، هي فقط تَعلم أنكَ تعلمت أول أحرف الهجاء مِنها، وأول ما نطقت من الحروف كانَت حروف اسمها، لن تترك الطفل الشَاعر المبدع يموت **داخلك**. **لن** تترك روح الإبداع أن تذهب وتمحى أبدًا، لن تنسى مناداتها "بماما" هذه الكلمة التي تعتبر وحدها شعرًا وموسيقى.

هذه المرأة التي أنجبتك شاعرًا وأديبًا ومُحاضرًا قويًّا .

لن تتكلم إلا مع الشَاعر، ولن تتفاهم إلا مع الشَاعر، لن تقدر أن تَمنح القوة إلا للابن الشَاعر، فسَاعديني أيتُها الأم العظيمة في إحياء هذا الطِفل الصَغير، كي نُعيد إليه ألعَابه، نعيد لهُ أوراقه وأقلامه ومحبَرّته، كي نمنحهُ فسحة صَغيرة للرومانسية والحَياة الحَالمة، كي نعطيه الأحلام الوَردية، كي نجعلهُ يَركض وراء قوس قُزح، كي يَجمع لنا ربطة النرجس وزهر الأقحوان والرَونق، هذه أقلامي وأوراقي خُذ منها مَا شئت نحنُ من نعيش للشعر، وليس الشعر من يعيش لنا.. كي نعيد لكَ سَعادتك وسرورك المفقود، ونبتعد بكَ عن مدن الحزن التي تسكن فيها، لأننا فقط نُحبك بعمق...نُحبك أكثر من أنفسنا.

الشعر هو فسحتنا وحدنا أيها الفرعوني الصَامد، يا ابن مدينة "السنبلاوين" التي لم أرها ولَم أقف فيها أبدًا، لَكن رأيتُها في بريق عَينيك الحَزينتين، رأيتُ الأدب والشاعرية في معاني كَلامك الجَميل، ورناتِه العَذبة، رأيتُ ريفَ مصر وجمَاله وصفاء لياليه و نقاءه وطهارته في نظراتك الذَابلة، لَن يَموت هذا الطفل، ولن أترك الشاعر

يَرحل مِنك، سأتركَك مع نَفسك حَتى تشعر بالملل، وتتعب من حياتك الباردة، جافة فيها إلا الأرقام وأيادٍ خشنة وصَلبة كَ الحديد، سأتركَك مع حَياة قاسية تَافهة، ستشتاقُ بعدها لحياة رومانسية.. لـ حياة دافئة ودافقة.. لحياة بِها كلامًا جميل.. فيها بريقُ عيون، فيها أوراق، فيها كُتب وأشعار نزار قباني، ستشتاق للحرية.. ستشتاق للارتماء من جديد فوق أرضٍ خضراء، ستشتاقُ للعب بماء السواقي والوديان برجليك تمشي فيها، لتَناول فناجين القهوة، وتجلس مع نسمات ليلة صيفية، تحتَ عريشة العِنب، أو شجر الصفصاف العَالية، وتَجِدُها هي القصور البلورية التي لَن تَتحطم أبدًا، التي تَحتويك

أجل تَحتويك، وأنتَ في كامل قوتك، وتحتويكَ وأنتَ في لحظات ضِعفك، لن تفضَحك أبدًا، لأنها وحَدها مخزن أسرارِك، وعُنصر قوتك، وحَدها من تكسر قضبان الحُزن التي تَلفك، وتمدك بالسرور، نتَخيلك بِشموخك أكبرُ من الأهرامات، بِعطائك أكثر من الأرض والغيث حين يجتمعان...

الشاعر وحده دائمًا من يتألم...من يشعر أكثر من الآخرين...إنه سحابة مشاعر وكَواكب أحاسيس صَادقة، يَرفض النِفاق والغش والتلاعب، يرفض كل الأشياء التي لا علاقة لها بالحياة والإنسانية، الشاعر يفرح بسرعة ويحَزن بسرعة كَالأطفال تمامًا.

أعلمُ أنكَ تَعشق الحُرية أكثر مِن الحياة والطُموح نفسه، أعلمْ أنكَ تريد **دائما** أن تكون كَالطيور المحلقة عالِيًا، تحطُ على الأرضْ متى تشاء وتطير أيضًا، لا تريد حدًا ولا حاجزًا يوقفكَ فيما تُريد، لا تُريد كل الأسئلة التي تتعلق بخنق حُريتك أو التي تراها تُقيدك ولو كانَت وهمية، تُريد التي تَفهمك، أن تَفهمك دون أن تَقول أي شيء، أن تغوص في أعَماقك دون أن تطلب منك إذنًا، أن تقلب عنك كل الأزمنة، أن لا تسألك عن أي شيء، وأن تفهم أسئلتك دون أن تسألها، وتجيبك عَنها دون أن تستأذنُك في الجواب.

ماذا سَتفعل بدون فَناجين **القهوة، والكُتب**، والأقْلام والأوراقْ؟ ماذا سَتصنع بدون طفل يَحدث فوضى داخلك؟ يَضحك حتى يَخنقه الضَحك، ويبكي حتى تَغسل الدمُوع المالحة وجهه الوسيم.

هنا بروضتي الجميلة أنتظرك، هنا مع أوراقي وجميع الكُتب وبعضَ الأقلام ننتظر مشاغبتَكٍ، أمدُ إليك يدي.. هل ستشربُ معي قهوتي أو كوبَ الشاي، سأنتظركَ إلى حين عودة الطفل الصَغير فيك، ستبحث عن الرومانسية.. ستبحث عن جو الخريف الجميل...ستبحث عن ألوان الربيع والصيف، سَيجذبكَ جلوسيّ أمامَ البحر...متأكدة أنك ستأتيّ لـ تقرأ ليّ بعضُ أشعارك، وتقرأ لي آخر الإصدارات ...

ستأتي إليَّ لأنك حتمًا لن تترك الطفلة الصغيرة تموت ألمًا وحُزنًا.. أعلم أنكَ ستأتي لأنكَ لَن تترك هذه الموهبة تموتَ بداخلي، هي قادمة إليكَ من أقدم نقطة.. من أعرقُ الجبال في تاريخ الإنسان والجغرافيا.. أعلمُ أن الطفل بداخلك سوف يُساعدني، وفي مساعدتك لي سوف تَحيا مُن جَديد، سوف تكون الإنسان الذي لا بدَّ أن يكون

14
رسالةُ حبٍّ واعتِذار

فـي هذا الوقتِ بالذاتِ شعرتُ بِالماكبير، وأنا أعرف قِصة تأخرك عن الاجتماع، شعرتُ بِحزن يَتَفتت في أعماقي، وأن ذلكَ من مَسؤوليتي وحدي لأنني أنا التي ألحُ عليكَ دائمًا وأريدكَ بأي شكلٍ من الأشكَال، وأن الحُب الذي يَخلق الأنانية يخنقُ صَاحبُة ويُؤذيه، وأنا لا أُريد أن أكونَ تلكَ الإنسانة التي تَحد مِن عظمة شخص، بالعَكس أُحب أن أكونَ جزءًا أو سببًا آخر في عَطاء من أُحب وأن يَصعد إلى أعلى أمَاكن النجاح والرُقي، وأن يكُون شخصًا مميزًا بعقله.. بأسلوبه.. بطريقة تَفكيره.. بطريقة عيشته والتَمتع بِها..

أقدمُ لكَ أسفي واعتِذاري مِليون مَرة، وهي آخر مرة أغضبُ مِنك وبدون سبب سوى انشغَالك بأعمَالك، وأعِدُكَ أني هذا الأسبوع سَوف أبدأ برنامجي المُكَثف الخَاص بامتحاني الدراسيّ، وكذلك تَقدمي في اللغة الإنجليزية، وهي فُرصة جَميلة كي أُثبت نفسيّ بِجدارة، لأن من المستحيل أن أقفَ أمامك وأنتَ عَالم كَبير وعَظيم ورَصيدي فارغ من كُل شيء، إلا من قلب ينبض لَك.

لابُد أن أستغلَّ وقوفكَ بِجانبي وتشجيعك لِي كَي أُحقق مَا كُنتْ أطمحُ إليه طوال حَياتي، مِن

أجل العلم تخليتُ عن أشياءٍ كثيرة وتحديت ظروفًا كثيرة وسمعتُ الكَثير مِن الكَلام الجَارح من أهلِ بلدتي، كَان فقط "أبي" رحمهُ الله من يَفهم هذا الطَموح وهذا الحُب الغَريب للدراسة والتطور، فَحبُّك وحدهُ أكبر رَصيد في حياتي كَي أبرز كَنجمة سَاطعة عَلى شُموس كُل العَالم، لأن الله سُبحانه وتعالى وَهبني كَثيرًا مِن الأشياء مَا وهبها لغيري، لَكنني مَا قدمتُ أي شيء لنفسي ولهذه المواهب الربانية، رَغم أن الحين لديَّ ظروف أحسن وإمكانيات كَبيرة جدًا.. كُتب.. إنترنت.. أقرَاص.. الحرية في السَفر لأي مَكان لحضور أي

ندوة، أو مؤتمر أو بَحث أو غيرَ ذلك، صَحيح بلدتي بعيدة كثيرًا عن المدن الأخرى، لكن من يُريد يستطع أن يصل، وأنا عِصامية تعودتُ أن أتعلمَ كُل شَيء من البَحث والكُتب والتنقيب.

حتى حِين تسلمتُ شغلي في مَكتب مُحضر قضائي لم أكن أعرف عن القانون شيئًا، ولم تكن لديَّ دراسة أكاديمية ورأيتُ في عيون الموظفين السخرية لأنهم جامِعيون ودَارسو القانون، ومديري سَلمني زمام الأمور كلها أنوبُ عنهُ في غيابه في كُل شيء، والأكثر من ذلك كانوا يُعلمونني الخطأ كلما سألت عن شيء، لكنني في ظرف أربعة أشهر فقط تفوقت عليهم جميعًا وذلك لا لشيء سوى لأني كنت أقرأ كُتب القانون ليلًا وفي عطلات الأسبوع, وأزيد الوقت من عندي وفي وقت البريك كنتُ أشتغل فيه، أحضرتُ الدُروس من السنة الأولى في الجَامعة إلى السنة الرابعة والأخيرة, وبعدها صورتُ كل كُتب الأستاذ ودروسه في الجَامعة وقرأتُها كُلها, وأحضرتُ كتبًا شتى مِن أماكن عِدة، حتى أصبح القُضاة أنفسهم يُناقشونني في عِدة قضايا، والمحاميون والزَبائن لا يَتَحدثون إلا مَعي, وأحيانًا يَنزعِج مِنّي أُستاذي لأنهم لا يُريدون أن يتحدثوا مَعه في غيابي، وحضرتُ مؤتمراتٍ عدة أخذني إليها مُديري وَعزمني عليها رَئيس الغرفة أو رئيس دائرة المجالس والمحاكم، وكُل هذا أشعل غيرة من حولي أكثر وتعرضتُ لأشياء كثيرة.

وعرفتُ حينها أن هذه الوظيفة أقلُ بكثير من طموحاتيّ وقدراتيّ أيضًا، وهي مُجرد محطة لا أقل ولا أكثر، فرجعتُ لمخططي السابق وبدأتُ أولى خطواتيّ فيه.

لكن مَرضي الذي أخذ من عُمري أربعَ سنواتٍ وأكثر أخر عني أشياءً كثيرة وخسرتُ كثيرًا **بسببه،** لكن الله سبحانه وتعالى عَوضني بِك وأنتَ في حَياتي وأحبُك أكثر من أي شيء آخر، وأعتبر أن فرصة مَرضي كَانت خيرًا لي لأن الله عَوضني بنور عَظيم، عَوضني بمنبع كبير للعُلوم وللحَياة نفسها، فَلا بُد أن أُحافظ عَلى هَذا النور وأرتوي مِن هذا المنبع قدر مَا أستَطيع، والحين أنا أمام تحدٍّ كبير، لابد أن أكسبه إن شاء الله، لقد أعددت العدة مثل سالف عهدي، والآن فقط عليَّ بالاجتهاد والسَهر والمُطالعة والدراسة.

أولًا أقضي على هذا الامتحان الذي كان الخُطوة الوحيدة التي تمنعني من الوصول لأي شيء، الذي سوفَ يتم في شهر يونيه والنتائج شهر يوليو، ويجب أيضًا أن أتقن اللغة الإنجليزية وأتطور أكثر في اللغة العربية وأدرس كمبيوتر إلى أن أعرف العلم الذي هو ثورة العصر حاليًا والذي تقوده أنتَ وغائباً عن الساحات العَربية مِنها الجزائر، وقد جمعتُ بعض الكتب في ذلك، وسوف تكون الحَاكم قبل أن تكون أستاذي, فبعد سنة إن شاء الله سوف آتي لأتَحاكم في مملكتك وأسمع حُكمك، ومن رحمة الله ولطفه في وسط هذا الزِحام

عرفتُ قصة هذا الرَسام الذي طور موهبته دون أن يدخل مَدرسة أكاديمية ولا الفنون الجَميلة، وكيفَ تعب رغم أن مهنته الحقيقية بَعيدة كُل البعد عَن الفن، لكن حين قرر أن يتطور في سنة واحدة حجز نفسه بين أربعة حيطان لمِدة اثني عشر شهراً وكَان ينام سَاعة واحدة فقط لأنه آمن بقدراته، وبعدها تطور بِشكل رهيب, وطور فنه وأصبح رسام إليزابيث مَلكة بريطانيا وغيرها من الأشخاص العَالميين الذين يطلبونه إلى قصورهم وفي طَائِراتهم الخاصة، ونفس الشيء طبقه على من أخذَ قسطًا كبيرًا من تَعلُّم علومٍ أخرى ونيل ثقافات أخرى.

الفشلُ عندي ليس نهاية أبدًا بل لم يحط من عزِيمتي، بالعكس في كُل فشل أتعلم دروسًا جَديدة، فقط أكره العيش في بَلدي من أجل شيء واحد فقط, هو نظرة الناس للمرأة المطلقة غير المتزوجة ونظرَات الشَفقة إليها، لأن المرأة عندهم لابد أن تكُون متزوجة ولديها بيت وأولاد وغير ذَلك, فَهي امرأة يَائسة، ونجاحها أيّاً كان لن يعوضها عن عائلة تؤسسها وأولاد تُنجبهم ،لا يَهم كيف تُربيهم، كما أكره نظرة الرجال للمرأة المطلقة فهي تصبح مَطمع الكل ويصبح التَحرش بها أكثر من غَيرها، ويحاولون استغلالها كُلما حاولت أن تُطالب بحقوقها وتحَقق طُموحها، وكأنهم تصدقون عَليها، وَليس ذلك من حقها، فلا يميزون بين الحلال والحرام، هذا مَا يُحزنني ويَجعلني أكرهُ العيش بالجزائر، حتى نظرة المرأة للمرأة المطلقة سلبية، رغم أني بَرهنت للجميع أن المرأة المطلقة مثلها مثل غيرها وأنها هي من تَفرض احترامها على الكُل ويمكنها أن تحقق أشياء كَثيرة، وأنها تقدر أن تعيش دون رجل ودون جنس، لأن لديها أهدافًا أكبر من ذلك، هي مخلوق سامٍ ورقيق وحساس، وهي تستحق رَجلًا يحبها ويتزوجها وَيحميها ويطورها ويعطيها قيمتها الحقيقية، من غير هذا البند فلا معنى ولا وجود لرجل في حياتها.

كانت سنواتي كُلها منذ طلاقي صعبة جدًا وتحديا أكبر، فحين أذهب للمناسبات أو الأعراس يشار إليَّ بالأصبع على أني مطلقة وكأن الطلاق إثم كَبير اقترفته، رَغم أنه لم يقدر أحد أن يقولها لي مَباشرة لأن ردي سيكون بطريقة لن يتوقعوها، وخاصة أني دائمًا ما أبدو أجمل وأصغر واحِدة فيهم ومحط أنظار الكل، وكل المطلقات يُعانونَ مِن نفس الشيء، لهذا يتزوجن أي شخص, المهم أن يتخلَصوا من نظرة المجتمع والأقارب إليهم ويعيشوا في ظل رجل، حتى وإن كان الحب مُنتهيًا من حياتهم قبل أن يبدأ ويصيبهم الجفاء بعد سنوات، ولهذا ما عدت أذهب لأي مناسبة أو أعراس أو أعياد، شيئًا فشيئًا فُرِضت عليَّ وحدةُ مريرة جدًا، ورغم

ذلك لم أتَخلَ عن حلمي ومَبادئي وكانت أُسرتي أجملُ عالمٍ لديّ وكان بابا يرحمه الله أعظمُ سندٍ في حياتي وكان دائمًا يَدفعني أن أعيش حَياتي التي أُريدها وليس الحياة التي يريدها الناس لأن غاية النَاس لا تُدرك.

آسفة ففي كل مرة أصدع رأسك **مخربشات** آلامي، لكن أحيانًا كثيرة مُعاناة الفَرد تحدُّ مِن عَزيمته وتثقلُ كاهله، ربما الحين عرفتُ السبب الرَئيسي الذي يَجعلني أكرهُ العيش بالجَزائر لأني لا أشعر بالراحة أبداً، وعرفت لماذا أهتمُ بِك بهذه الطريقة الجنونية؟ لأنني وَحدي من أعرفُ قيمة **الحبّ**.. وحدي أقدر أن أقيمهُ أكثر من أي بشرٍ آخر.. فقد قضيتُ عمرًا طويلًا في البَحث عَنه.. كانت حياتي مثل الذي يَمشي على الشَوك والحجارة والجَمر واحتملتُ ذَلك لأني لا أقدر أن أكون إلا في حضن قلب يعشقني، ويحبني بجنون.

كان أبي رحمهُ الله هو مُؤنسي، وهو مَن أُحاوره كُل مساء وكل **صَباح،** وهو من أهتف له كُل يومي، وبرحيله شعرتُ أني تعريتُ من كُل شيء، أصبحتُ كل مساء وَحيدة وكأني مُجردة من قوتي.. مِن غطائِه **وحمايّته..** لم تبقَ سوى كلماته تَرز داخلَ أُذني وضَحكاته العَالية وكُل شيء فيه، كم أشتاق له كُل يوم، كَم يحن قلبي للقائه والحَديث معهُ بدلاً من أن أبقى أيامًا كثيرة لا أتَحدثُ مع أحد، كَان وحده يرافقني ونتَحدث كثيرًا ولا أحد استطاعَ أن يفهم العِلاقة التي تَربطنا لأنه كان يخبئ جميع أوجاعه عندي وَجميع **أسراره،** حتى عندما يُريد أَن يَشتكي من أحدِ أولاده كان يأتيني لأني كنتُ أحتويه.. كَان أبي رفيقاً وأخًا وصَديقًا وأبًا **حَنونًا،** ما رأيتُ رَجلًا حَنونًا بطريقته ولا طَيبًا مِثلَه.....

جدول المحتويات

كم أنتَ واسعُ الصدرِ يا حبيبي 6

هل أنت أيضًا مثلي؟ 7

إلى متى ؟ 8

حبيبي 9

هل ستَمل ذات يوم حروفي؟ 10

أحببتُها كثيرًا 11

ربوعُ حبِّكَ الساحر 12

إنْ شاء الله 13

لغةٌ جديدةٌ 14

لوْ فقطْ 16

...آه لو 16

صِفْ لي تفاصيلَ الوجع 17

إرهابي النومُ والإبداعُ 20

أنتَ أيُّها الشاعر 23

رسالةُ حبٍّ واعتِذار 26

AF506427

* 9 7 9 8 3 4 8 1 0 9 9 0 5 *